Bibliografische Information der Deutschen Nationalbibliothek:

Die Deutsche Bibliothek verzeichnet diese Publikation in der Deutschen National-
bibliografie; detaillierte bibliografische Daten sind im Internet über http://dnb.d-
nb.de/ abrufbar.

Impressum:

Copyright © 2004 GRIN Verlag, Open Publishing GmbH
Druck und Bindung: Books on Demand GmbH, Norderstedt Germany
ISBN: 978-3-668-17869-4

Dieses Buch bei GRIN:

http://www.grin.com/de/e-book/277832/grundlagen-der-linguistik-vorbereitung-
auf-pruefungen-in-der-sprachwissenschaft

Nelli Schulz

Grundlagen der Linguistik. Vorbereitung auf Prüfungen in der Sprachwissenschaft

GRIN Verlag

GRIN - Your knowledge has value

Der GRIN Verlag publiziert seit 1998 wissenschaftliche Arbeiten von Studenten, Hochschullehrern und anderen Akademikern als eBook und gedrucktes Buch. Die Verlagswebsite www.grin.com ist die ideale Plattform zur Veröffentlichung von Hausarbeiten, Abschlussarbeiten, wissenschaftlichen Aufsätzen, Dissertationen und Fachbüchern.

Besuchen Sie uns im Internet:

http://www.grin.com/

http://www.facebook.com/grincom

http://www.twitter.com/grin_com

Vorbereitung Zwischenprüfung Germanistische Sprachwissenschaft
Skript

1. **Was versteht man in der Linguistik unter Sprache?**
   - Kommunikationsmittel zur Verständigung
   - Zeichensystem
   - als Schrift/ Laut
   - als grammatisches Wissenssystem
   - Fähigkeit Laute zu Bilden
   - als Handlung
   - Mittel zur Verständigung der Welt
   - Vermittler zwischen Mensch & Umwelt → Darstellung von Welt
   - als Problem und Problemlösung
   - Mittel Emotionsausdruck
   - Mittel Selbstdarstellung
   - kulturelles Phänomen
   - Indiz für sozialen Status/ soz. Gruppe
   - Teil der Identität des Menschen

2. **Welche Spezifika hat die menschliche Sprache gegenüber anderen Zeichensystemen?**
   - abstrakte Dinge/Begriffe
   - Wortschatz und abgrenzbare Zeichen mit konventioneller Bedeutung
   - Überwindung Raum und Zeit
   - Metakommunikation

3. **Was ist mit verbalen, paraverbalen und nonverbalen Codes von Sprache gemeint?**
   - verbal: zentrale, natürlichsprachliche Zeichen → gesprochene Sprache
   - paraverbal: nicht selbst sprachlicher Art, stimmliche Qualitäten, Stimmung (selten Schrift)
   - nonverbal: unabhängig von Sprache → Gestik, Mimik, Blickkontakt, Verkehrszeichen, Piktogramme

4. **Welche Funktionen kann Sprache erfüllen?**
   a. Darstellungsfunktion:
      i. was sagt Sprecher über die Welt
      ii. als Darstellung von Gegenständen
      iii. symptomisch/semantische Funktion → Begriffe sind Dinge zugeordnet

   b. Ausdrucks- und Symptomfunktion
      i. Gefühl des Senders (expressive Funktion)
      ii. erfahren etwas über Sprecher
      iii. zum Ausdruck kommen (unkontrolliert) vs. zum Ausdruck bringen

   c. Appellfunktion
      i. wozu möchte Sprecher Adressat bewegen
      ii. Steuerung inneren und äußeren Verhalten Adressaten
      iii. Sprache als Handlungsmittel zur Veränderung Welt

5. Wie werden diese in dem Organonmodell von Karl Bühler zusammengefasst?

Gegenstände und Sachverhalte
Darstellung (Symbol)

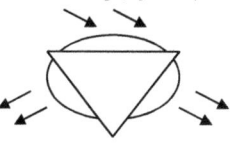

Symptom (Ausdruck)   Appell (Signal)

Sender   Empfänger

6. Welche zwei grundlegenden Auffassungen von Sprache lassen sich im Sinne der Abgrenzung von Systemlinguistik und pragmatisch orientierter Linguistik unterscheiden?
   a. Sprache als System von Zeichen
      i. Semiotik/ Strukturalismus/ systemlinguistisch
      ii. Sprachregeln
      iii. innergrammatisch

   b. Sprache als Mittel des kommunikativen Handelns nach sozialen Regeln
      i. Pragmalinguistik/ linguistische Pragmatik
      ii. Sprachgebrauchsregeln
      iii. Bedeutung Grammatik in Bezug auf Pragmatik → Deiktika

7. Skizzieren Sie die historische Entwicklung der Sprachwissenschaft von ihren antiken Vorläufern bis zum heutigen Stand der modernen Linguistik. Welche wichtigen Wendepunkte lassen sich dabei feststellen?
Antike: Sprachwissenschaft & sprachphilosophische Bemühungen
         Schaffung Grammatik & Wörterbuch
         Verhältnis Wort, Begriff, Gegenstand → Sprache, Denken, Wirklichkeit
         Panini

Mittelalter & frühe Neuzeit
         17./18. Jahrhundert Etablierung Standardsprache → Luthers Bibeldeutsch
         Ersetzung von Fremdwörtern → dt. Bezeichnung
         Emanzipation des Deutschen
         Luther

1800   Entstehung systematischen Sprachwissenschaft
         sprachvergleichende indogermanische Forschung
         Sprache als Organismus mit inneren Form
         junggramm. → Lautgesetze zur Entwicklung des Deutschen

1916   Strukturalismus
strukturalistische Wende → semiotische und synchrone Erforschung des Sprachsystems → Modell
des sprachlichen Zeichens
Anwendung exakter, analytischer Verfahren → Bestimmung Wert sprachlichen Einheit
         Abhängigkeit Sprache und Denken
         de Saussure
Ende 60er
         pragmatische Wende → kontextlose Linguistik
         Sprache als Mittel kommunikativen Handeln
         Linguistik zu germanistischen Teilgebiet

8. Aus welche Teildisziplinen besteht die moderne Linguistik?
- Systemlinguistik
    - iv. Sozio-, Psycho- und Historiolinguistik
- Pragmalinguistik
    - v. Textlinguistik, Gesprächsanalyse, Stilistik

9. Was versteht die Semiotik unter einem Zeichen? Was versteht man unter einem sprachlichen Zeichen?

Zeichen: sinnlich wahrnehmbare Stellvertreter, die uns auf nicht wahrnehmbares schließen lassen (Gegenstand unserer Wahrnehmung und Vorstellung)

sprachliches Zeichen: künstliche Zeichen beruhen auf Vereinbarung und haben sprachspezifische Eigenschaften (Bilateralität, Arbitarität, Linearität)

10. Welche Typen von Zeichen kann man nach der Theorie von Charles Sanders Pierce unterscheiden?

Index = wenn – dann – Verhältnis
           naturkausale – sichere Gesetzmäßigkeiten
           sozio-konventionelle – unsichere Gesetzmäßigkeiten (Indiz)
Teil-Ganzes-Relation: Fuß aus Lawine → ganzer Mensch verschüttet
Mittel-Zweck-Relation: Frau mit Stetoskop → Ärztin
Ursache-Wirkung-Relation: Fußspuren im Sand → jemand war da
- ursprüngliche Form von Zeichen
- durch Interpretation zu Zeichen
- meist para- oder nonverbal (nicht für Kommunikation)
- kausaler Schluss

Ikon = Ähnlichkeitsverhältnis zwischen Zeichen und Bezeichneten
           Fotos, Piktogramme, platsch, x-Beine
- haben Produzenten → intensional für Kommunikation
- meist universell und überkulturell
- aufgrund von Weltwissen erkennbar
- assoziativer Schluss

Symbol = Festlegung, Konvention, Zuordnung
- kein erkennbarer Zusammenhang zu Bezeichneten → definiert
- Gegenstände, Verkehrszeichen, Text
- sprachliche Zeichen prinzipiell symbolisch
- regelbasierter Schluss

11. Welche Probleme können bei der Zuordnung von Zeichen zu Zeichentypen auftreten?
Denken Sie dabei beispielsweise an die Entwicklung von Schrift, an Landkarten, an Onomatopoetika, an ein Hinweisschild für den Flughafen, an Kleidung als Zeichen oder an Schwarz als Farbe der Trauer.

Metamorphosen = Übergänge Zeichentypen
von Index zu Ikon = Simulation
           gähnen   Sauerstoffmangel oder Langeweile
von Index zu Symbol = Inszenierung
           Mercedes vs. ein Stück Kupfer → Reichtum
von Ikon zu Symbol = Lexikalisierung
           Entwicklung arabischer Ziffern von ikonischen Strichen
gerichtete Entwicklung → alles auf Dauer zum Symbol

12. Welche Relationen stellt Charles W. Morris in seinem Semiotischen Dreieck auf? Welche Modifikation muss man bezüglich der Rolle des Zeichenbenützers vornehmen?

Semantik (nur über Zeichenbenützer) indirekte Relation

Zeichen --- Bezeichnetes

Pragmatik

Zeichenbenutzer

Syntaktik: Relation Zeichen untereinander = Grammatik
- Charakter Wissen → Kenntnis von Zeichen
- aktuelle Bezug auf Zeichen → Referenzbezug → nur durch Bezeichnendes zu Stande gekommen
- Zeichen steht für etwas, wenn Bezug von Zeichenbenutzer aufgenommen

13. Was versteht man unter
    a. Virtualität von Zeichen
        i. Zeichen als Muster = type
        ii. abgeschlossene, abstrakter Größe → auch ohne Kontext bekannt
        iii. Verweis nicht auf bestimmte Bezeichnung → existiert auch ohne Referenz
        iv. nur Zeichenform
    b. Aktualität von Zeichen
        i. immer in Kontakt
        ii. Beug auf bestimmte Bezeichnung → Referenz
        iii. wird Musteralisierung unterzogen = toke
        iv. in speziellen Verwendung gebraucht

14. Was versteht man unter den Begriffen ‚Semiotik' und ‚Strukturalismus'?
Semiotik: Wissenschaft von den Zeichen & ihrer Verwendung (Zeichenarten, Zeichensysteme, Relationen zwischen Zeichen und Zeichenbenutzer)

Strukturalismus: Abstraktion von Kontext der Sprachverwendung
- Wert Zeichen nur im System feststellbar
- Zeichen nur wenn Form auch Bedeutung zugewiesen
- zwei unterschiedliche Aspekte → bilaterales Zeichen
- abgeleitet von Zeichenmodell de Saussures
- signifiant & singnifie auch untereinander Beziehung
- Lautbild und Schriftbild

Ziele: synchrone und diachrone Erforschung
             unterschiedliche Sprachen als universelles Zeichensystem erforschen
             Zerfall Sprachwandel entgehen
Methode:
             Segmentieren (Zerlegen in Bestandteile)
             Klassifizieren (Bestandteile in Gruppen ordnen)
             Relationieren (mit anderen Zeichen & Kategorien in Beziehung setzen)

15. Erklären Sie folgende Termini de Saussures:
    a. Diachronie: Sprachgeschichte in vielen Epochen → historisch
    b. Synchronie: Sprachuntersuchung zum allgemeinen Zeitpunkt → Gegenwart
    c. langage: allgemeine Sprachfähigkeit des Menschen → Resultat Spracherwerb
    d. langue: Grammatik als virtuelle Sprache, als abstraktes Zeichensystem, als Sprachwissen

e. parole: konkrete Sprachverwendung, aktualisierte Sprache, Sprache im Zusammenhang (zufällig)
f. Bilateralität : immer zwei Aspekte untersuchbar → signifie und signifiant → nur für Analyse teilbar
g. Arbitrarität : willkürliche Festlegung Form – nicht durch Inhalt bestimmt, Inhalt nicht aus Form ableitbar
h. signifiant : Ausdruck, Bezeichnendes, Zeichenform, Lautbild → image acousitque
i. signifie : Inhalt, Bezeichnetes, Zeichenbedeutung, Vorstellung → concept
j. chaîne parlée : lineare Verkettung sprachlicher Zeichen → Syntagma
k. Assoziativität: Zeichen im Gedächtnis niedergelegt, psychische Perspektive – assoziativ; Verbindung in Gedächtnis von Form und Inhalt – mentales Lexikon
l. Motiviertheit: wenn man aus Form Inhalt erschließen kann, z.b. Onomatopoetika
m. Konventionalität: auch wenn willkürlich, nicht von jedem tragbar; gemeinsame Beschließung Zusammenhang Inhalt & Form – Stabilität; Benennung und Definition, damit selbe Assoziation für Kommunikation

16. Nach de Saussure wird die Bedeutung („valeur" – der Wert) eines Sprachzeichens erst durch seine Position im Sprachsystem bestimmt. Erklären Sie vor diesem Hintergrund die Konzepte des Syntagmas und Paradigmas!
valeur = Position Zeichen im Gesamtsystem – Bestimmung seiner Relation
Syntagma = horizontale Relation – lineare Verkettung sprachlicher Zeichen
　　　ver / blüh / en　　　Artikel und Substantiv
Paradigma = vertikale Relation – Austauschklasse (Katze-Elefant)
Suche nach Ähnlichkeits- und Differenzierungskriterien
　　　semantisch vs. grammatische Verknüpfungen

17. Die natürliche Sprache ist ein System von minimalen Zeichen, die zu komplexen Zeichen kombiniert werden können. Erklären Sie anhand dieser Definition das Prinzip der ‚double articulation' (auch nach Martinet).
　　bedeutungsunterscheidende Einheiten (distinktiv)
　　bedeutungstragende Einheiten (signifikant)

18. Wie heißen diese minimalen Zeichen? Welche Methode gibt es, um sie offenzulegen und zu klassifizieren?
Methode: Analysierbarkeit in → Morpheme → Phoneme
Kombinierbarkeit zu → Phrasen/Sätze → Text

Phonem /Graphem:	kleinste distinktive Einheit
Morphem:	kleinste signifikante Einheit
Lexem (Wort):	kleinste selbständige signifikante Einheit
Sätze:	kleinste selbständige kommunikative Einheit
Text:	komplexe selbständige kommunikative Einheit

19. Skizzieren Sie die wichtigsten Grammatik- und Syntaxtheorien der modernen Linguistik.
Beantworten Sie dabei auch folgende Fragen: Welche Verdienste und Schwächen hat die traditionelle Grammatik? Was versteht man die Inhaltbezogene Grammatik unter der „sprachlichen Zwischenwelt"? Welche Methoden entwickelte die Konstituentenstrukturgrammatik? Welche Ansichten und Ziele verfolgt die Generative Grammatik? Nach welchen Prinzipien geht die Dependenz- und Valenzgrammatik vor?
traditionelle Grammatik – Schulgrammatik
- bereits in der Antike
- Grundlage für Grammatik in Schule
- traditionelle Wortarteneinteilung, Flexionsklassen, Satzstruktur
- Schwäche: beschränkt auf Wortgrammatik

inhaltsbezogene Grammatik
- energetische Sprachbetrachtung: energeia (innere Sprachform/ Tätigkeit) vs. ergon (Produkt abgeschlossener Tätigkeit)
- Reflex auf äußere Umstände
- sprachliche Zwischenwelt zwischen Mensch & Wirklichkeit
- Sprache determiniert Denken, schafft Wahrnehmungsmuster
- sprachkritische Komponente = Verwendung grammatischer Formen als Anzeichen für Anonymisierung

Konstituentenstrukturgrammatik
- Ziel: Entwicklung exakter Methoden zur Satzgliedbestimmung
- rein syntaktische Analyse ohne Bedeutung
- Methoden: Verschiebe- und Ersatzprobe, Baumgraphen mit Binärstruktur

generative Grammatik:
- Untersuchung Muttersprachenkompetenz
- Performanz wird integriert
- basiert auf Spracherwerbstheorie
- Annahme angeborene Universalgrammatik
- Ziel: Beschreibung von Erzeugungsregeln
- Simulation Sprachverarbeitung auf PC

Valenz- und Dependenzgrammatik
- Fähigkeit Lexem → syntaktische Umgebung vorzustrukturieren
- Analyse Abhängigkeitsrelationen
- Typen: Ergänzungen und Angaben
- Bestimmung Wertigkeit von Satzelementen vom Verb aus

funktionale Grammatik
- pragmatische Aspekte von grammatischen Strukturen
- semantische Rollen zentrale Beschreibungsmittel bei Kasus
- sprachliche Phänomene nicht ohne Rückgriff auf Funktion erklärbar
- Topik vs. Prädikation   Thema vs. Rhema

20. Erklären Sie kurz folgende Termini aus dem Bereich der Morphologie:
a. Wortform: signifiant eines syntaktischen Wortes – reine Form, ohne Inhalt   (fliegen vs. die Fliegen)
b. syntaktisches Wort: signifiant und signifie; realisiertes Wort ist syntaktisch ausdifferenziert (grammat. und lexik. Bedeutung)
c. Lexem: Paradigma und Wortartprägung (neutral: Variationen der Flexion) (Lexemverband)
d. Morphem: minimale Phonemsequenz mit einer Bedeutung/Funktion kleinste bedeutungstragende Einheit; freie (als eigenständige Wortart) vs. gebundene (nur mit anderen Morphemen); lexikalische (Zusammensetzung mit Wortartmerkmal den Lexemzusammenhang von syntaktischen Wörtern) vs. grammatische Morpheme (innersprachliche Bedeutung = Flexionsmorphem)
e. Phonem: Laute, sagen wie Wort- und Satzakzent, Intonation;   kleinste bedeutungsunterscheidenden Einheit
f. Flexion: morphosyntaktische Ausdifferenzierung der syntaktischen Wörter eines Lexems
g. Morphosynstax: Lehre von syntaktischen Verwendungsmöglichkeiten bestimmter formaler Wortausprägungen
h. Konfix: gebundene Autosemantika, d.h. nur in Verbindung mit weiterem Wortteil eigenständige Bedeutung; -thek, -thermo
i. Fugenelement: Bestandteil der Affixe, Kompositionsfugen, die weder grammatisch noch semantische Bedeutung
j. Derivation (Ableitung); aus bestehenden Wörter neue bilden, Bestimmung Wortart des Lexems
k. Komposition (Zusammensetzung); zwei lexikalische Morpheme; Zusammensetzung ursprünglich Gleichwertigem

21. Was sind Affixe? Welche Funktionen können diese erfüllen? Wie kann man Affixe strukturell kategorisieren.

gebundene grammatische Morpheme
Affigierung des Wortstammes
Präfixe, Suffixe, Infixe, Zirkumfixe, Fugenemlement (Ort der Affigierung)
Flexionsaffixe: feste grammatische & morphosyntaktische Kategorien & Kategorienklassen
    Deklination, Konjugation, Komparation
Derivationsaffixe: neue Wörter bilden (Substantiv, Adjektiv)

22. Was versteht man unter Wortbildung?

Bildung neuer Wörter aus vorhandenem Sprachmaterial
Bildung von komplexen Wörtern aus kleineren sprachlichen Einheiten
Fkt.: regelhafte und systematische Strukturierung & Erweiterung Wortschatz
Komposition: Zusammensetzung mehrerer Lexeme komponiert
    Determinativkompositum (nicht austauschbar ohne Semantik zu verändern)
    Kopulativkompositum (prinzipieller Austausch ohne Grund- und Bestimmungswort)
Derivation: Ableitung (an Lexem Derivate angehängt)
    Präfigierung
    Suffigierung
Konversion (Wortartenwechsel)
Kurzwortbildung (Wortbestandteile, Initialbildung)

23. Was versteht man bezüglich der Wortbildung unter:

    a. Transparenz vs. Motiviertheit (transparente vs. motivierte Wortbildung); Durchsichtigkeit – Erschließbarkeit der Bedeutung – morphologisch (zergliederbar) oder semantisch (Komponentialität der Bedeutung); aufgrund Lautbild erschließbar; vollmotiviert – teilmotiviert – idiomatisiert; Lexikalisierung; Übernahme, Integration in den Wortschatz; Prozess und Ergebnis dauerhaften Aufgaben; reproduzierbare lexikalische Einheiten
    b. Idiomatisierung: Gesamtbedeutung nicht mehr aus Einzelbild erschließbar; Motivation und semant. Beziehungen ganz verloren
    c. Varietäten: bestimmte kohärente Sprachformen, spezielle außersprachliche Kriterien definierend
    d. Phraseologismen: idiomatisierte Wörter
    e. Historismen: im Laufe Geschichte entstanden
    f. Archaismen: effektvoller Gebrauch veralteter Ausdrücke aus Konnotation oder ideologisierten Gründen; lexikalische Relikte
    g. Lehnwörter: Entlehnung aus Sprache A in Sprache B; Ausgleich in Lautung, Schriftbild und Flexion
    h. Okkosionalismus / Ad-hoc-Kompositum; Neubildungen die spontan & kontextabhängig - vollmotiviert
    i. Hybridbildungen: Einzelelemente stammen aus verschiedenen Sprachen Büro (frz.) kratie (griech.)

24. Welche Wortarten gibt es in der traditionellen Grammatik (Schwächen)?

- Substantiv/ Nomen
- Verb
- Adjektiv
- Artikel
- Pronomen
- Adverb
- Konjunktion

- Präposition
- Numerale
- Interjektionen
- Kriterien undeutlich, nicht reflektiert, Klassenbildung wechselt zwischen morphosyntaktischen, syntaktischen, semantischen Merkmalen (nicht-distinktiv)

25. Was sind Funktionswörter/ Strukturwörter?

Funktionswörter: primär grammatische Bedeutung
   syntaktisch, strukturelle Funktion
   Artikel, Pronomen, Präposition, Konjunktion, Partikel
Strukturwörter: Synsemantikum
   bei isolierten Auftreten keine lexikalische selbständige Bedeutung
   Präpositionen, Konjunktionen, Ableitungspartikeln

26. Was ist ein Satz? Diskutieren Sie verschiedene Anschauungen unter den Aspekten der Grammatikalität und der kommunikativen Funktion von Sätzen.

traditionell: S-P-O
   Adverbiale als Satzglieder, Attribute als Satzgliedteile
satzsemantisch: Satz = Referenz & Prädikation (Bezugnahme und Aussage über Sachverhalt)
konstituentenstrukturgrammatisch: Satz = Verbalphrase + Nominalphrase
valenzgrammatisch: Prädikatsausdruck + 1 Ergänzung + Angabe
pragmatisch-kommunikativ: kleinste selbständige kommunikative Einheit (Ausdruck/ Handlungsgehalt)
allgemein: Ein Satz ist eine relativ selbständige, abgeschlossene und geordnete Folge von Wörtern bzw. Phrasen, die zumindest aus Prädikatsausdruck & Ergänzung besteht

27. Wie ist ein komplexer Satz aufgebaut?

Prädikatsausdruck + 1 Ergänzung + Angaben
   syntaktische Wörter mit spezifischen Eigenschaften
   bestimmte Ordnung eingehalten
   bestimmtes Minimum an Sätzen

einfach   komplexe

mehrere Teilsätze

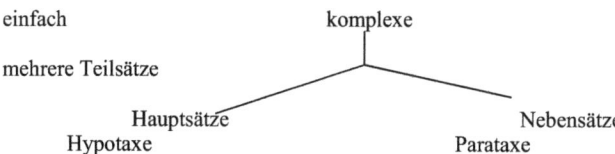

Hauptsätze   Nebensätze
Hypotaxe   Parataxe

28. Was versteht man unter Satztyp und Satzmodus? Welche Einteilung wird im Rahmen der Topologie vorgenommen?

Satztyp: Differenzierung nach Stellung Verb
Kernsätze (V-2): Prädikat = 2. Satzglied   Aussage
Stirnsätze (V-1): Prädikat = 1. Stelle   Frage/ Aufforderung
Spannsätze (V-letzt): Prädikat am Ende   Nebensätze

Satzmodi: Differenzierung nach Funktion:
Aussage, Aufforderung, Frage (Entscheidung, Bestimmung, Ergänzung) Wunsch

29. Was bezeichnet man als Vor-, Mittel- und Nachfeld?

Vor-Vorfeld – Vorfeld (Subjekt) – Prädikat(fin) – Mittel (Objekt) – Prädikat (infin) – Nachfeld (Angaben)
Klassifizierung: asyndetische Satzgefüge
syndetische Satzreihe (mit Konjunktion)   Attributsatz
asyndetische Satzreihe   Angabesatz
syndetische Satzgefüge (mit Pronomen)   Ergänzungssatz

30. Welche Methoden kennen Sie, um zwischen Ergänzungen und Angaben zu unterscheiden?
Verschiebe- und Ersatzprobe, Erststellenfähigkeit → dann Satzglied, also Ergänzungen
obligatorisch nach Wertigkeit, andere fakultativ
Angaben immer fakultativ → Weglassprobe

31. Welche semantisch bestimmten Klassen von Angaben gibt es?
lokale Zusätze: Ortsangaben
direktive Zusätze: Richtungsangaben
temporale Zusätze: Zeitangabe
Aspekt-Zusätze: Stellungnahme zur subjektiven Beziehung
Aktionsartzusätze   nach Polenz
modale Zusätze: Art-und-Weise-Angabe
graduative Zusätze: Verstärkung/ Abschwächung
spezifizierende Zusätze: genauer
exemplifizierende Zusätze: Beispiel
evaluative Zusätze: bewerten
volitive Zusätze: Willensäußerung
metakommunikative Zusätze
verifizierende oder negierende Zusätze
ODER
modal, temporal, lokal, kausal, konzessiv, final, konditional, instrumental

32. Haben auch Substantive und Adjektive eine Valenz?
- nein, da Valenz bedeutet wie viele Ergänzungen nötig sind, um Satzglied zu schaffen

33. Wie kann man Verben semantisch und funktional kategorisieren?
semantisch:
- nach Bedeutungsstruktur   - Tätigkeitsverben
- Aktionsart   - Vorgangsverben
- Grad Grammatikalisierung   - Zustandsverben
  (Möglichkeit allein Prädikat)
syntaktisch:
- Verhältnis zum Subjekt
    i. Vollverb vs. Hilfsverb
- Verhältnis zum Objekt
    ii. persönliche – 3.Person – unpersönliche
- IM Prädikat
    iii. transitive vs. intransitive
- zu Subjekt & Objekt & allen Aktanten
    iv. reflexive Verben vs. reziproke Verben

34. Was versteht man unter Aktionsart und Aspekt?
Aktionsart:
- Verlaufsweise und Abstufung des Geschehens
    i. durativ (ohne Anfang und Ende)
        a. iterativ (Wiederholung)
        b. intensiv (Verstärkung)
        c. diminutiv
    ii. perfektiv (Grenzen Verlauf ein)
        a. ingressiv (Anfang)
        b. egressiv (Ende)
        c. mutativ (Übergang)
        d. kausativ (Bewirken/ Veranlassen)

Aspekt:
- ausgebautes morpholgisch realisiertes System von Unterscheidungen
- in Bezug auf Verb
  a. progressiv (im Verlauf)
  b. habituell (unabhängig)
  c. perfektiv (andauernd, nicht abgeschlossen)
  d. imperfektiv/ durativ (unvollendet, dauernd)

35. In welche semantischen Verben Klassen lassen sich Substantive einteilen?
Substantive vs. substantivische Pronomen (Autosemantika vs. Synsemantika)
- Gliederung z.b. nach Belebtheit, Bestimmtheit, Gegliedertheit
- Konkreta und Abstrakta
- Eigennamen
- Gattungsbezeichnungen
- Kollektiva

36. Was versteht man unter absoluten bzw. relativen Adjektiven?
absolut
- ordnen Gegenständen Eigenschaften zu, die nicht im Vergleich/ Verhältnis zu anderen
relativ
- Qualitäten, die nur in Bezug auf andere Gegenstände zukommen (klein)
(Semantische Klassen: mit sein: stative Prädikate
                          mit werden: Prozessprädikate)

37. Welche semantischen Klassen von Adverbien gibt es?
Lokaladverbien:
- Bezeichnung Ort/ Ruhelage
- Richtung
- Endpunkt/ Ziel
Temporaladverbien:
- Bezeichnung Zeitpunkt
- Zeitdauer
- Wiederholung
- relative Zeit (Zeit, die sich auf anderen Zeitpunkt bezieht)
Modaladverbien:
- Bezeichnung Art und Weise (reine Adjektive, Adjektiva mit Endung –lings/ -s/ -los)
- Grad und Maß
- Instrument und Mittel
- Erweiterung
- adversative Verhältnisse
Kausaladverbien:
- Bezeichnung Grund
- Bedingung
- nicht zureichenden Grund
- Folge
- Zweck

38. Welche Typen von Partikeln unterscheidet man?
zu Substantiven / Verben / Adjektiven / Adverbien
zu Substantiven /   Adjektiven / Adverbien
zu   Verben / Adjektiven / Adverbien
zu   Adjektiven / Adverbien
zu Substantiven /   Adverbien

Hentschel/ Weydt	Weinrich	IDS-Grammatik	Beispiele
Konjunktionaladverb	Nexus-Adverb	Konnektivpartikel	indessen, dennoch, sonst
Modalwort	Geltungsadverb	Modalpartikel	vielleicht, wahrscheinlich
Negationspartikel	Geltungs-Adverb	Negationapartikel	nicht, gar nicht
Fokuspartikel	Fokus-Adverb	Gradpartikel	nur, sogar, allein
Abtönungspartikel	Partikel	Abtönungspartikel	aber, eben, ja
Intensivpartikel	Intensitätsadverb	Intensitätspartikel	sehr, ziemlich, höchst
Antwortpartikel	Geltungs-Adverb	Responsivpartikel	ja, nein, ok, kaum

39. Was sind
      a. Interjektionen
Gruppe, von Wörtern, die zum Ausdruck von Empfindungen, Flüchen und Verwünschungen sowie zur Kontaktaufnahme dienen
aber: formal unveränderlich, stehen syntaktisch außerhalb des Satzzusammenhangs, keine lexikalische Bedeutung

      b. Modalwörter
= Satzadverb
semantisch-syntaktisch definierte Subklasse der Adjektive und Adverbien, die die subjektive Einschätzung eines Sachverhalts durch den Sprecher wiedergeben. (Realitätsgrad der Aussage oder emotionale Aspekte
    a) nicht attributiv verwendet
nicht dekliniert, nicht kompariert
    b) attributiv → treten zu Adjektiven

40. Welche Pronomen gibt es?
Personalpronomen   Possesivpronomen
Interrogativpronomen   Relativpronomen
Demonstrativpronomen   Pronominaladverbien
Indefinitpronomen

41. Was sind Attribute und in welchen Formen kommen sie vor?
kein Stellungsglied, nur Gliedteil
Formen
   -   Adjektiv und Adverb
   -   Partizip I+II
   -   Substantiv mit Genitiv
   -   Infinitiv mit zu

42. Mit welchem Test können Sie die Glieder eines Satzes bestimmen?
     Demonstrieren Sie dies am Satz „Die Chemnitzer Studenten bereiten sich gewissenhaft auf ihre Klausur vor." (Wertigkeit der Prädikatsausdrücke, Ergänzungen, Angaben)

Wertigkeit der Prädikatsausdrücke: mit w-Fragen
wer bereitet sich auf was vor (2-wertig → 2 Ergänzungen)
Ergänzungen: durch w-Fragen
                        Analyse durch Verschiebeprobe und Erstellenfähigkeit
                        Die Chemnitzer Studenten/ auf ihre Klausur
Angaben: nicht durch Wertigkeit bestimmt
                        Weglassprobe
                        gewissenhaft

43. Nominalprädikat: eigene Verbbedeutung gering → Bedeutung liegt auf Substantiv
- Kopulaverben sein (Ich **bin Lehrer**)
- Streckverbindungen machen (einen **Spaß machen**)
- Funktionsverbgefüge
- feste Redewendungen (eine **auf die Nuss geben**)

Verbgruppe: finite und infinite Verbform (soll machen)
- Verknüpfungsverben
- Prädikatsstämme
- Verbendungen

44. Wie gehen Sie bei der Analyse von Satzstrukturen systematisch vor (nach Holly/Heringer)?
  a. Die Studenten hoffen, dass die Klausur am Mittwoch leicht wird.
  b. Bei guter Vorbereitung werden alle Studenten die Prüfung in der Linguistik problemlos meistern.
  c. Solide Linguistikkenntnisse, die man in der Einführung erwirbt, erleichtern das gesamte Studium der Germanistik.
  d. Die Studenten sind zufrieden, wenn Sie die Prüfung in einer Woche ohne Probleme bestehen.

45. Was wird bei von Polenz dem Satzinhalt zugerechnet? Woraus besteht eine Prädikation?
Satzinhalt:
- Referieren/ Bezugnehmen
- Prädizieren/ Aussagen
- Aussagegehalt (über Dinge auf die man bezug nimmt, etwas ausgesagt und Handlungsgehalt

Prädikation
- Prädikat und Referenzstellen
- das was ausgesagt wird

46. Was sind Zusätze? Was ist mit einem komprimiertem Ausdruck gemeint?
Zusätze: Hinzufügung zum Minimum des einfachen Satzes (semantischer Bezug wichtig)
komprimierter Ausdruck: manche Ausdruckseinheiten zugleich mehrere Inhaltsteile
    Inhaltsstruktur und Ausdrucksstruktur
in Gliederung stärker voneinander abweichen

47. Welche pragmatische Funktionen kann eine Passivkonstruktion erfüllen?
Vorgangspassiv → Bildung mit werden (Vorausschau)
Zustandspassiv → Bildung mit sein als Vorverb (Feststellung)
Modalpassiv → Bildung mit sein – zu (Ziel)
Funktionalpassiv → lexikalische Übersetzung eines Vorverbs aus der Hin- in die Herbedeutung
48. Was versteht man unter einem Subjektschub?
Verdrängung des Agens von Handlungen
entpersonalisierter Stil
Deagentivierung
in Subjektstelle des Handlungsverbs wird dafür nicht vorgesehene Bezugsstelle → für eigentliche
Agens keine syntaktische Position mehr

49. Welche Prädikatsklassen unterscheidet von Polenz?
Aktionsprädikate:
- Handlungen (durativ/ imperfektiv: Dauer; ingressiv/ inchoativ: Beginn; eggressiv/ resultativ: Ende)

Prozessprädikate
- Vorgang (durative vs. transformative vs. punktuelle)

Statusprädikate
- Zustand

Qualitätsprädikate
- Eigenschaft

Genusprädikate
- Gattungen (individuative, kontinuative, kollektiva, partitiva)

50. Was versteht man unter
   a. Polysemie: Ausdruck hat 2 oder Bedeutungen; alles was gesamt haben →
      Grundbedeutung (z.b. Maus → Tier, Computerzubehör)
   b. Homonymie: gleiche Ausdrucksform → Mehrdeutigkeit / unterschiedliche
      Bedeutungen; Kiefer (Baum vs. Knochen)
      i. Homographie: orthografische und phonetische Übereinstimmung;
         verschiedene Aussprache und Bedeutung
      ii. Homophonie: identische Ausdrücke → identische Aussprache;
         unterschiedliche Orthografie und Bedeutung

51. Warum gibt es in der deutschen Sprache kaum synonyme Wörter?
Synonymie: Gleichbedeutung meist nur konnotativ ähnlich → deshalb wenig, müsste fast denotativ

52. Denotation
unterschiedliche Bedeutung je nach terminologischen Kontext
kontext- und situationsabhängig
konstante begriffliche Grundbedeutung

53. Konnotation
individuelle, stilistische, regionale Bedeutungskomponente → die Grundbedeutung überlagern

54. Kollokation
charakteristische, häufig auftretende Wortverbindung – Miteinandervorkommen
auf Regelhaftigkeit gegenseitiger Erwartbarkeit
Hund → bellen   dunkel: Nacht

55. Bestimmen Sie die semantischen Relationen von
a. Sportler – Basketballer (Hypernymie)
b. wach – schlafend (komplementär),
c. Kellner – Ober (Synonym)
d. Meister – Auszubildender (Konversion)
e. blau – gelb – rot – grün (Heteronymie)
f. hell – dunkel (Antonymie)............

56. Synonymie: Bedeutungsgleichheit, Bedeutungsähnlichkeit
Heteronymie/ Inkompatibilität: geschlossene Wortreihen, abgeschlossener Bedeutungsbereich
Konversion1: Sachverhalt aus unterschiedlichen Perspektiven
Konversion2: 2 Sachverhalte aus gleichen Perspektive
Implikation1:
Hyperonym: Oberbegriff (Meister)
Hyponym: Unterbegriff (Azubi)
Implikation2: logische Folge (töten → sterben)

57. Welche Ziele setzen sich die Vertreter der Komponentialsemantik?
Nach welchen Prinzipien gehen sie vor?
Ziel: Dekomposition der Seme/ Bedeutungskerne in Form von Propositionen
Prinzip: binärer Aufbau (Semantik des „ja"/"Nein")
         partielle Gleichheit/ Ungleichheit)
         Seme als distinktive Merkmal der Inhaltsseite
Anspruch: operationalisierte Kriterien
Leistung: Auszeigen von Unterschieden/ Beschreibung Sprachwandel

58. Welchen Ansatz verfolgt die Prototypensemantik?
Worin liegen die wesentlichen Unterschiede zur Merkmalssemantik und Komponentialsemantik?
Unterschiede:
    gradierbar
    Bedeutung ohne feste Grenzen
    Semantik des mehr oder weniger
    graduelle, intuitive, subjektive, assoziative Abstufungen
Ansatz: Prototypen finden: untypische Vertreter in Peripherie
    Kern: ein echter, ein richtiger, typischer ...
    Peripherie: eigentlich, irgendwie, eine Art von
Problem: Was sind Prototypen?
    Bedeutung nicht in trennscharfe Begriffe
    Kontext immer relevant

strukturalistische Wortsemantik:

Vorteile	*Nachteile*:
Aufzeigen unterschiedlicher Merkmale	Abgrenzung nicht eindeutige möglich
binär aufgebaut	funktioniert nicht immer, wegen
	konnotativen Bedeutung
unabhängig von Kontext und Kultur	Graduierung nicht möglich
Versuch Kategorisierungen	abstrakte Begriffe außer Acht
kommunikativ relevante Bedeutung nicht bedacht	

59. Welchen Ansatz verfolgt Wittgenstein mit seiner „Gebrauchstheorie der Bedeutung"?
Was versteht er unter einem Sprachspiel und Sprache als Lebensform? Versteht er unter einer sprachlichen Regel? Welche Unterschiede gibt es prinzipiell zwischen Regeln Gesetzmäßigkeiten und Normen?
- Bedeutung Wort ist sein Gebrauch in der Sprache
- Regeln zur gleichen Interpretation → sonst Missverständnisse
- keine Privatsprache, werden durch Gebrauch sozialen Regeln erlernt
Sprachspiel: Vergleich zu Schach → Regeln geben Figuren Funktion
    Wortbedeutung nach kommunikativen Regeln
Sprache als Lebensform: Sprachspiele im Alltag eingebunden
    Lebensform = Kommunikation
sprachliche Regeln: sind aus gemeinsamen Gebrauch entstanden
    knowing how nicht knowing that
Regeln: müssen erlernt werden
    kulturspezifisch und konventionell vereinbart
    müssen interpretiert werden
Gesetz: werden entdeckt und universell gültig
    unveränderbar

60. Wie wird im Konzept der Vorstellungstheorie die Relation von Bezeichnung, Begriff und Objekte/ Sachverhalte der Realität gesehen und wie wird dort Bedeutung aufgefasst?
Wir wird Strukturalismus die Bedeutung eines Wortes beschrieben?
Vorstellungstheorie:
    Zeichen hat Bedeutung → mit Vorstellung verbunden
    Vorstellung des Sprechers wird enkodiert & vom Hörer in seinen Vorstellung dekodiert
    Hörer gelangt in Besitz Vorstellung von Zeichen
Begriffe:
Funktion, die von Prädikaten natürlicher Sprache bezeichnet werden
Bedeutung eines Prädikats
durch Gegenstand (Argument) gesättigt → Wahrheitswert (=Wert)

61. Welchen Aspekt von Wortbedeutungen betrachtet die Etymologie?
Was versteht man unter Wortfeldern? Welche Bedeutungsrelationen existieren zwischen Wörtern bzw. Begriffen?
Wissenschaft von der Herkunft der Wörter und ihrer Bedeutung
Wortfeld: gleiche semantische Gruppe
Synonym, Heteronymie, Komplemtarität, Antonymie, Konversion I + II, Implikation I + II

62. Nach welchen Kriterien kann man den Wortschatz einer Sprache untergliedern?
Welche Relationen können zwischen Wörtern eines Paradigmas bestehen?
soziale, funktionale, situative Markierungen mit Orts- und Zeitangabe
soziolexikalische Differenzierungen
auch: Alter, Geschlecht, Region

63. Wodurch und wie verändert sich der Wortschatz des Deutschen?

Fremdwörter	Wortbildungen
Anglizismen	Fachwörter
Jugendsprache als Stil	

64. Wie verfährt man bei einem semasiologischen bzw. onomasiologischen Ansatz?
Semasiologie: Bedeutungslehre = Bedeutung von Zeichen (Wörterbuch)
      Was heißt Widervereinigung
Onomasiologie: Bezeichnungslehre = Bedeutung bekannt – Suche nach gerechten Bezeichnung (Enzyklopädie)

65. Was ist mit dem Containermodell der Kommunikation gemeint? Warum verzerrt dieses Modell die kommunikative Wirklichkeit?
Codieren = Gedanken in Sprache transformieren

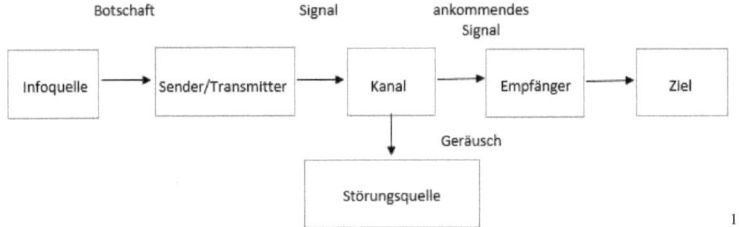

Behälter mit Botschaft
unter Zeichenverwendung

dekodieren von Sprache in
Gedanken

Problem:
- Beziehungsaspekt fehlt
- keine face-to-face-communication
- Sender und Empfänger müssten gleichen Code haben → Missverständnisse nicht mit beachtet
- Perspektiven fehlen
- nicht als Interaktion aufgefasst
  - keine Reaktion erwartet

---

[1] https://upload.wikimedia.org/wikipedia/commons/9/96/Shannonweaver.jpg

66. „Thoughts do not travel"
- nichtkommunizierte Begleiterscheinungen → Stimmlage, Lautstärke
    ii. werden mitinterpretiert, ohne dass Sender initiiert hat
- muss gemeinsames Vorwissen
    iii. Zeichen selbe Bedeutung zuweisen
- kann anders verstehen
Beispiel: Wie findest du Paris?   schon allein Wörter Unterschied Name und Stadt

67. *Den Worten müssen endlich Taten folgen.* Warum wird diese populäre Forderung den Leistungen sprachlicher Kommunikation nicht gerecht?
nach Sprachakttheorie Äußerung schon Handlung

68. Was versteht man in der Linguistik unter Handlung? Welche Kriterien müssen dabei für eine Handlung erfüllt sein?
Handlungen sind interpretationsabhängige, sinnvolle, d.h. gerichtete und zu verantwortende Tätigkeiten und Unterlassungen, die durch Zuordnung von Handlungsmustern verstanden werden können, weil sie durch soziale Regeln eingespielt sind.
- Kriterien
    iv. Sinnhaftigkeit
    v. Gerichtetheit
    vi. Kontrollierbarkeit
    vii. Regelhaftigkeit
    viii. Verantwortbarkeit
    ix. Komplexität
    x. Interpretationsabhängigkeit

69. Interpretation als Prozess. Inwiefern sind Handlungen Interpretationskonstrukte?
- Handlung, sie Reaktion auf Handlung des Produzenten
- man versucht Zeichen des anderen zu verstehen
- Rezipient konstruiert durch seine Interpretation die Bedeutung der Handlung des Produzenten

70. Was versteht man unter Sprachhandlungsmustern?

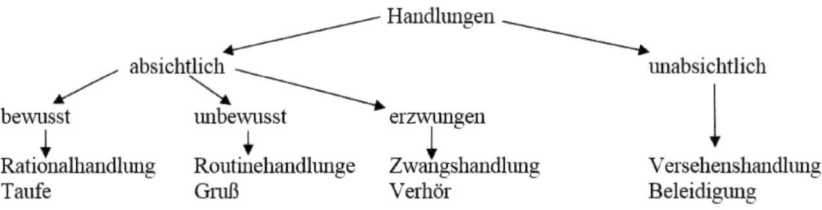

71. Sprechakttheorie: Sprache als Handlung
    Beginn mit Organon-Modell von Bühler → Sender und seine Ausdrucksfunktion
    explizit performativer Akt vs. Verdeckt performativer Akt
systemlinguistische Sprachauffassung: Sprache auf ein sich funktionierendes System reduziert
    kein Unterschied zwischen Meinen und Verstehen

72. Welche Teilakte einer Handlung werden von der Sprechakttheorie unterschieden? Charakterisieren Sie diese!

1 Äußerungsakt
- lautlich, graphisch, Syntaxregeln, Lexik
- Buchstaben, Wörter

2 Propositionaler Akt (was über wen/was)
- Proposition
- Satzaussage (Referenz und Prädikat)
- Inhalt in Äußerung

3 Illokutionärer Akt (wie gemeint/ welche Handlung/ Sinn)
- Illokution
- Sprachhandlung
- Handlungsgehalt Äußerung (Provokation vs. Behauptung vs. Scherz vs. Lüge vs. ....)
- Sprachhandlungsmuster muss zugewiesen werden

4 Perlokutionärer Akt (was bezweckt)
- Perlokution
- Bewirkungsversuch
- Zweck
- vom Hörer abhängig (ob er versteht und macht)
- nicht in Macht Sprecher

73. Was sind Illokutionsindikatoren? Welche gibt es? Nennen Sie Beispiele!

Regeln für ihren Gebrauch → initiieren bestimmte Handlungen

explizit performative Verben	auffordern, gratulieren
Modus	Konjunktiv für Bitte
Adverbien und Partikeln	
Satzarten	Aussage und Frage
Wort- und Satzgliedstellung	Markiertheit
Prosodie	Lautstärke, z.B. zum Einschüchtern

74. Analysieren Sie die Illokution/ die Sprachhandlung VERSPRECHEN.

Welche Regeln müssen bei Ihrer Realisierung beachtet werden? Was passiert, wenn der Adressat dem Sprecher nicht glaubt? Welche kontextuellen Rahmenbedingungen müssen erfüllt sein, damit dieser Sprechakt vollzogen werden kann?

Realisierung:
- auf Zukunft bezogen
- auf Sprecher bezogen
- in der Macht des Sprechers } kontextuelle Bedingungen
- etwas Besonderes
- etwas Positives

wenn Rezipient nicht versteht, kommt es nicht zu nachfolgenden perlokutionären Akt
kann Bedingungen falsch interpretiert haben
Produzent: Trotz, nicht einhalten oder bekräftigen

75. Bestimmen Sie die Illokution der Äußerung *Ich möchte aussteigen*

in verschiedenen Situationen geäußert:

g.	im Bus	Bitte
h.	im Gespräch zwischen zwei Schmugglern	Feststellung
i.	von einem gestressten Dozenten an der UNI	Einsicht

Welche perlokutionären Versuche liegen jeweils vor?
Wieso kann man einer Proposition mehrere Illokutionen zuweisen?
muss Kontext beachten → Weltwissen, verschafft uns richtige und verschiedene Interpretationen

76. Was versteht man unter indirekten Sprechaktausdrücken? Welche kommunikativen Funktionen erfüllen sie?
- wenn Indikatoren täuschen
- Basisindikator des Ausdrucks indiziert andere Illokution als die vollzogene Illokution ist
- wenn Versprechen Bedeutung Drohung annimmt aufgrund Tonfall → „mitgemeint"

77. Welche Sprechaktklassen unterschiedet Searle?

Repräsentativa:	Aussagen über Welt (wahr/ Falsch)	berichten
Direktiva:	Aufforderung an Adressaten	bitten, auffordern
Kommissiva:	Selbstverpflichtung	versprechen
Expressiva:	sozialer Kontakt, Gefühlsausdruck	danken, grüßen
Deklarativa:	Rituale, offizielle Zeremonien	taufen, beeiden

Schwäche: was ist mit bewerten?

78. Bestimmen Sie nach der Typologie von Searle die Sprechaktklassen von
- a. flehen   direktiva
- b. kündigen   deklarativa
- c. berichten   repräsentativa
- d. anweisen   direktiva
- e. zusagen   kommissiva

Wieso kann man nicht alle illokutionären Verben einwandfrei zuweisen?
genaue Trennung nicht möglich   kommissiva kann gleichzeitig deklarativa
einige gar nicht zuweisbar: bewerten
indirekte Sprechaktausdrücke: kontextabhängig, Gebrauch des Verbes
schaffen auch mit Gefühlen neue Tatsachen (expressiva und repräsentativa)

79. Welche Defizite weist die Sprechakttheorie in Bezug auf die Analyse natürlicher Kommunikation auf?
- Reaktion Hörer wird unmittelbar nicht mit beachtet
- Unterscheidung zwischen Meinen und Verstehen zu wenig
- gibt noch mehr Sprachhandlungen als Verben
    - a. innere Gefühle
    - b. Organisation (Wort erteilen, Platz anweisen)

80. Was sind performative Verben? Warum ist verleumden keines?
vollziehende Verben, mit denen Handlunge gleichzeitig mit Äußerung
          versprechen, flehen
verleumden: Person verleumdet nicht – urteilt, berichtet, dass jemand verleumdet
          Ich verleumde dich?

81. Welche Partikel sind Indikatoren für deklarativen Akt?
Abtönungspartikel: bitte, wohl, auch, hiermit

82. Welche Grundidee steckt hinter den Kommunikationskonzept von Grice?
- Kommunikation ist Handeln, genauer kooperatives Handeln, Interaktion → dient Verständigung nicht Einverständnis
- bei Sprechakttheorie zu wenig über Hörer, ob Ziel Äußerung angekommen
- Theorie konversationellen Implikatur als Rahmenbedingung für Kommunikation
- Verstehen und Produzieren von Äußerungen
- Dieses Prinzip steuert die Art und Weise , wie Kommunizierende ihre Kenntnisse der Sprache, der Sprechaktregeln und eventueller weiterer konkreter Sprachgebrauchsregeln zum Tragen bringen.

83. Welche Konversationsmaximen gibt es nach Grice und wozu dienen sie?

Maxime der Quantität
 so kurz wie möglich, so ausführlich wie nötig
Maxime der Qualität
 nichts, von dessen Wahrheit du nicht überzeugt
Maxime der Relation
 sei relevant
Maxime der Modalität
 sei klar im Ausdrck

84. Wie kann man das Konzept der Konversationellen Implikatur beschreiben?

- ein vom Produzenten in bestimmten kommunikativen Verwendung an eine bestimmte Äußerung geknüpfter, aber nicht ausgedrückter Sinn, den es erst zu erschließen gilt
- konventionelle Implikatur: automatisches Umdenken, z.b. bei Phraseologismen, die aus SW zu deuten sind
- konversationell: Sinnherstellen durch Interpretation der speziellen Situation

85. Welche Aufgabenstellung prägt die pragmatische Sprachanalyse?

Welche prinzipielle Umorientierung der Sprachwissenschaft hatte die pragmatische Wende zur Folge?
- Lehre von Zeichengebrauch, vom Sprachhandeln in konkreten Situationen
- Verhältnis sprachlichen Realisation zu Aussage über Wert
- Gestaltung: kommunikativen Austausch durch Äußerungen wie drückt sich dabei soziale Position aus

pragmatische Wende:
- Einbezug nichtsprachlicher situationsbezogener Kategorien
- Ausweitung Feld auf Sprachverwendung

86. Wie kann man Verhalten und Handeln auseinanderhalten? Welche Fragen können Sie bei der Bestimmung von Verhalten und Handeln als Test einsetzen?

Verhalten: Sammelbegriff für Aktivitäten von Lebewesen
Handeln: Sinn, alles zielgerichtetes Verhalten
Fragen nach: Sinnhaftigkeit, Gerichtetheit, Kontrollierbarkeit, Regelhaftigkeit, Verantwortbarkeit, Komplexität, Interpretationsabhängig

87. Können Unterlassungen auch Handlungen. Begründen Sie und geben Sie ein Beispiel an!

ja, da alle oben genannten Fragen nach Handlungen mit ja beantwortet werden können
von sozialen Regeln bestimmt & kann nach Handlungsmustern zugeordnet werden

88. Warum ist Verstehen ein Zustand, der sich nach Durchlaufen eines Prozesses einstellt oder auch nicht. Interpretieren hingegen eine Handlung?

Mittel der Kommunikation sind Zeichen
 sollen Hinweise sein, was man Rezipienten beibringen will
man möchte R. dazu bringen und in Lage versetzen zu erschließen, welche Beeinflussung der Produzent beabsichtigt
wird gezwungen Schlüsse zu ziehen → DEN PROZESS DES SCHLIESSENS NENNT MAN INTERPRETATION

↘ Ergebnis dieser Handlung ist Verstehen. Damit Handlung abgeschlossen oder nicht → Zustand Verstehen ja oder nein

89. Warum sind Absicht, Wille und Bewusstheit nicht konstitutiv für das Handeln von Menschen?

Geben Sie Beispiel an. Was kann man mit diesen Faktoren aber unterscheiden?
da Interpretation des R. nicht vorhersehbar → vom Sprecher keine Handlung impliziert
sind aber konstitutiv für Handlungsarten

90. Nennen Sie Beispiele für bestimmte Handlungsarten?

Rationalhandeln	Taufe
Routinehandeln	Gruß
Zwangshandeln	Verhör
Versehenshandeln	Beleidigung

91. Von welchem Kommunikationsbegriff gehen Watzlawick, Beavin, Jackson bei ihrem Axiom „Man kann nicht nicht kommunizieren!" aus?
Ist dieser Kommunikationsbegriff für die Sprachwissenschaft brauchbar?
- auch nicht-intensionales und nicht-interaktives Verhalten kommunikativ, da es interpretierbar ist
- Bezug auf Rezipienten: alles was er an Gegenüber wahrnimmt, interpretiert, unabhängig ob Intension von Sprecher
- für SW brauchbar, da es um Sprachgebrauchsregeln geht
- seit pragmatischen Wende Einbezug Kontext muss
- Stimme, Lautstärke kann man nicht abschalten oder 100%ig neutralisieren → geben Anzeichen auf Gemeinte & Interpretationshilfe

92. Was bedeutet es, dass das Verstehen bereits in der Handlung enthalten ist?
Betrachten Sie dazu die Aussage: Du hast mir gestern versprochen, dass du kommst. (→ *explizit performativer Akt)*
- verstehen, was andere will, impliziert Handlung des Rezipienten
- verstanden, dass er versprochen har
- versprechen ist explizit performativer Akt und performatives Verb

- ↘ direkte Handlung → Verstehen durch R. wird vorausgesetzt

93. Was versteht man unter einem Text?
Ein Text ist eine komplex strukturierte, thematische wie konzeptionell zusammenhängende sprachliche Einheit, mit der ein Sprecher eine sprachliche Handlung mit erkennbaren kommunikativem Sinn vollzieht.
- oberste Organisationsform von Sprache
- Holly: eine begrenzte Folge von sprachlichen Zeichen, die in sich kohärent ist und die als Ganzes eine erkennbare kommunikative Funktion signalisiert

94. Was ist
> **a. Textfunktion**

... die im Text mit bestimmten, konventionelle geltenden, d.h. in der Kommunikationsgemeinschaft verbindlich festgelegten Mitteln ausgedrückte Kommunikationsabsicht des Ermittenten
intentionale Aspekt einer sprachlichen Äußerung
> kommunikative Funktion
> gesellschaftlich-kulturelle Aspekt } Klassifikation

Menge von Intentionstypen
Ausgangspunkt Organon-Modell
textinterne und textexterne Faktoren
> **b. Kohärenz**

Texttiefenstruktur → verschieden Informationseinheiten in komplexer Weise miteinander verknüpft
nicht Verknüpfung an Oberfläche
> **c. Kohäsion**

Oberflächenstruktur – rein syntaktische Verbindungen der ein Satz zum anderen
> **d. Textverstehen**

Textlöcher durch Verstehen schließen, nicht alles wird angesprochen
> **e. Textarbeit**

gedankliche Gliederung, Beziehungskonstruktion

95. Warum muss ein angemessenes Kommunikationsmodell den Unterschied zwischen Meinen und Verstehen berücksichtigen?
Meinen: Sprecher – mitgemeint – erkannt, aber nicht bewertet, z.b. versteckte Werbung
Verstehen: Hörer – ja oder nein
Mitgemeint: Teil, der nicht durch Anwendung von Sprachwissen
Mitverstanden: über Satzinhalt hinaus erschlossen

96. Welche kommunikativen Funktionen von Texten unterscheidet Brinker?
Informationsfunktion:
- Emittenten gibt Rezipienten zu verstehen, dass Wissen vermitteln will
  ii. Nachricht, Bericht, Sachbuch
- auch evaluative Einstellung
  iii. Gutachten, Rezension, Leserbrief
Appellfunktion:
- Emittenten gibt Rezipienten zu verstehen, dass er ihn zu etwas bewegen will → bestimmte Einstellung/Handlung
  iv. Werbeanzeige, Propagandatext, Kommentar, Arbeitsanleitung, Rezept
- Imperativsatz, Infinitivkonstruktion, Interrogativsatz
Obligationsfunktion:
- Emittenten gibt Rezipienten zu verstehen, dass er sich ihm gegenüber verpflichtet fühlt, bestimmte Handlung zu vollziehen
  v. Vertrag, Vereinbarung, Garantieschein, Gelübde
Kontaktfunktion:
- Emittenten gibt Rezipienten zu verstehen, dass es um personale Beziehung zu Rezipienten geht
- entscheidend ist nicht die Gefühlsäußerung, sondern Erfüllung sozialer Erwartung
  vi. Gratulation, Kondolenz, Ansichtskarte
Deklarationsfunktion:
- Emittenten gibt Rezipienten zu verstehen, dass Text neue Realität schafft
- erfolgreiche Äußerung führt bestimmtes Faktum neu ein
  vii. Erkennungsurkunde, Testament, Schuldspruch, Bevollmächtigung, Bescheinigung

97. Was sind Textsorten?
Textsorten sind konventionell geltende Muster für komplexe sprachliche Handlungen und lassen sich als jeweils typische Verbindungen von kontextuellen (situativen), kommunikativ-funktionalen und strukturellen (grammatischen und thematischen) Merkmalen beschreiben.

Gruppe gleichartiger Texte
bisher keine einheitliche Klassifikation
Kriterien
- textintern:
  i. lautlich-paraverbale Ebene
  ii. Wortwahl
  iii. Art und Häufigkeit Satzmuster
  iv. Themenbindung und Themenverlauf
  v. Thema
  vi. Textstrukturmuster
- textextern
  i. Textfunktion
  ii. Kommunikationsmedium, das Text trägt
  iii. Kommunikationssituation
      a. Öffentlichkeitscharakter
      b. soziale Statuts Kommunikationspartner

c. Vorwissen K-partner
            d. Bekanntheitsgrad K-partner
  iv. Textinhalt
   v. Texttyp – Textklasse – Textsorte
  vi. Anleitungstext – Rezept – Kochrezept

2 Ansätze
sprachsystamtisch-strukturell
kommunikationsorientiert (situative und kommunikations-funktionelle Aspekte)

98. Welche kommunikativen Aufgabenfelder gibt es nach Holly?

Beschreiben	Textsortenmuster
Schildern	Kontakt- und Beziehungsmuster
Berichten	Organisationsmuster
Erzählen	(zur Analyse von Texten)
Erklären	
Argumentieren	

99. Was sind textsortenkonstitutive und textsortentypische Muster?
textsortenkonstitutiv:
- Muster einer Textsorte – formen Skelett
- mit ihnen wird realisiert was bestimmte Textsorte eingenltich konstituiert
- funktionale Unterschiede von Textsorten (Regeln)

textsortentypisch:
- Muster, die in bestimmten Teilen des Textes (z.B. Begrüßung)
- nicht zwingend notwendig zur Konstituierung
- Ausnahme Plaudereien

100. Was versteht man unter Kommunikationsform?
- Definition durch situative Merkmale, die durch Verwendung oder Abwesenheit von technischen Medienbestimmt sind
  i. Einseitigkeit vs. Wechselseitigkeit
  ii. Synchronität vs. Asynchronität
  iii. Dialog vs. Ausstrahlung
- Bestimmung durch Zeichentypen, räumlich-zeitliche Struktur, Anzahl der Kommunikationsbeteiligten, Kommunikationsrichtung

101. Welchen Bezugsbereichen lassen sich Texte zuordnen?
Funktion:
1 repräsentative: Sachverhalt darstellen (Feststellung, Behauptung, Vorhersage, Diagnose)
2 direktive: Hörer bewegen etwas zu tun (Anordnung, Bitte, Befehl, Weisung, Gebet)
3 kommissive: Sprecher verpflichtet sich Handlung zu tun (Versprechen, Gelübde, Wette)
4 expressive: Ausdruck psych. Einstellung (Dank, Glückwunsch, Entschuldigung, Kondolenz)
5 deklarative: Vollzug zwischen Proposition und Wirklichkeit /Ernennung, Kriegserklärung, Trauung)

102. Wie kann man die thematische Struktur von Texten beschreiben?
- Thema für Kohärenz
- Thema = Kerninhalt (auch bei radikaler Kürzung, nicht verloren gehen darf)
- Kombination aus Textgegenstand und Textfunktion
- Hauptthema ―――――――→ Subthemen
zu- oder untergeordnet
Nebenthemen (H oder S beigeordnet, nicht untergeordnet)
Satzinhalt in Thema vs. Rhema
     über das   was   ausgesagt wird

Koordinierung = gemeinsam-gegeben sein („und")
Chronologisierung = „und dann" Tempora
Konklusivität = Deutungsmuster der Kausalbeziehungen (Ursache- Wirkung; Grund-Folge,
Finalität, Kasualität „weil")

103. Was versteht man unter Grundmustern thematischer Entfaltung?
Die Entfaltung des Themas zum Gesamtinhalt des Textes kann als Verknüpfung bzw.
Kombination relationaler, logisch- semantisch definierter Kategorien beschrieben werden, welche die internen
Beziehungen der in den einzelnen Textteilen ausgedrückten Teilinhalte bzw. Teilthemen zum
thematischen Kern des Textes angeben.
-    gedankliche Ausführung des Themas durch kommunikative und situative Faktoren
-    Beschreiben – Schildern – Berichten - ......
-    Grundformen bestimmen die thematische Struktur der Texte
1 deskriptive Themenentfaltung
-    Thema in seinen Komponenten (Teilthemen) dargestellt in Raum und Zeit eingeordnet
-    Spezifizierung (Aufgliederung) vs. Situierung (Einordnung)
       i.   einmaliger Vorgang – historisches Ereignis (Nachricht, Bericht)
       ii.   regelhaft dargestellten Vorgang (Bedienungsanleitung, Gebrauchsanweisung)
       iii. Thema bezeichnet Lebewesen/ Gegenstand [Teil-Ganzes] [durchgehende
             Wiederaufnahmestruktur]
2 narrative Themenentfaltung
-    abgeschlossenes singuläres Ereignis (ungewöhnlich bzw. Interesse)
-    Komplikation, Resolution, Evaluation
-    Orientierung (Ort und Zeit) und Modi (Moral)
3 explikative Themenentfaltung:
-    Explanans (A) Anfangs- und Randbedingungen; (G) allegmeine Gesetzmäßigkeiten
-    Explanadum was erklärt wird
4 argumentative Themenentfaltung
-    Argumentationsmodell Toulamin
-    Behauptung/These = claim
-    Argumente = data, conclusion
-    Ausnahmebedingungen = rebuttal

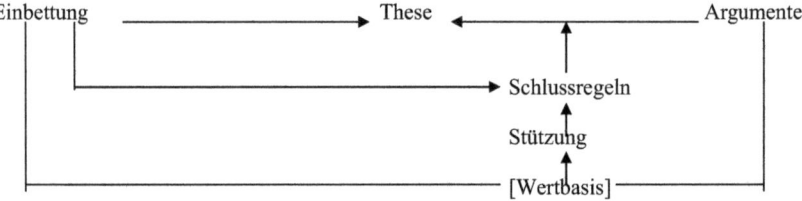

**104. Wie sind einzelne Textteile miteinander verknüpft (Kohäsionsmittel &
       Kohärenzmittel)?**
1 Kohäsionsmittel
       a. Rekkurrenz: materielle Wiederaufnahme eines einmal eingeführten Textelements im
           nachfolgenden Text z.B. gleiche Lexem
            i.   partielle Rekurrenz = z.B. Lexem des selben Lexemverbandes oder Lexem
                 als Teil eines Kompositum
       b. Substitution: Textelemente inhaltlich verbunden, T. wieder aufgenommen
            i.   beide Teile selbe Referenz
            ii. Synonyme, Hyponyme, Hyperonyme, Metaphern
       c. Pro-Formen: mit Hilfe weitgehend inhaltsleerer Elemente auf ein Bezugselement des
           sprachlichen Kontextes

       i. Pronomina, Adverbien, Pronominaladverbien, Demonstrativpronomina
     ii. anaphorisch vs. kataphorisch
  d. bestimmter und unbestimmter Artikel (Textdeixis vs. Wissensdeixis)
       i. Art Anweisung an Leser
     ii. Td: unbestimmt: neue, noch unbekannte Größe einführen
    iii. Wd: bestimmt: üblich, wenn bereits angesprochen
  e. Situationsdeixis: Verweis aus Text auf außersprachliche Realität
       i. temporal vs. lokal
     ii. in gesprochenen Sprache oft mit Mimik und Gestik
    iii. Deixis: imaginäre Bezugswelt außerhalb Text
  f. Ellipse: Textverweis durch Leerstellen erzeugt, mehrere Texte von verschiedenen Sprechern
  g. metakommunikative Textverknüpfung – Autor Bezug auf eigenen Text (s.o.; wie bereits erwähnt)
  h. Tempus: Hinweis auf Sequenzierung der erzählten Ereignisse
  i. Konnektive/ Konjunktionen/ Pronominaladverbien
  j. „und" dass das, was anschließend kommt, dazugehört
  k. Konjunktion: als Bindeglied – Verbindung zweier Elemente

2 Kohärenzmittel:
  a. Isotopie: Versuch, Textverknüpfungen ganz unter semantischen Gesichtspunkt
       i. Grundannahme: Wortbedeutungen über Satzgrenze hinweg zu komplexen verbinden auf Grundlage teilweiser semantischer Übereinstimmung und Differenz
  b. Prässupposition: Funktion von außersprachl. Wissensbeständen bei Konstitution von Textkohärenz
       i. gebrauchsgebundene = pragmatisch: Wissen, obwohl semantisch nicht eindeutig
     ii. semantische: mitgemeinte Bedeutung auch mitbehauptet
  c. frame & script:
       i. frame: Wissensbestände eher statisch organisiert – oft bei Stichwort abrufbar
     ii. script: eher prozessual organisiert: außersprachl. Prozessmuster: Handlungswissen
  d. Thema und Vernetzungsmuster

105. Was gehört alles zur Organisationsebene eines Textes?
Regelung des Sprecherwechsels
Gliederung und Strukturierung
Themenbehandlung
Verständnissicherung

106. Was bezeichnet man als Kontakt- und Beziehungsebene eines Textes?
Art der kommunikativen Beziehung des Emittenten zum Rezipienten
Herstellung eines Kontakts zwischen Interakteuren → Herstellung einer Beziehung ohne die
Schwierigkeiten gerecht zu antworten/ verstehen
Bedingung Möglichkeit Kommunikation

107. Was ist mit Interaktionsmodalität gemeint?
Geflecht Handlungsmuster – primär wechselseitiges Verstehen

108. Was ist ein Gespräch?
alltagssprachlich:
-   mindestens zwei Interaktanten
-   Sprecherwechsel

- mündliche Realisierung
- Ausrichtung auf bestimmtes Thema

Gespräch ist eine begrenzte Folge von sprachlichen Äußerungen, die dialogisch ausgerichtet ist und eine thematische Orientierung aufweist.

- Äußerung: beliebiger Abschnitt Rede, vor und nach Sprecher schweigt
- in der Regel auf natürliche Gespräch beschränkt
- Organisationsform gerichtete Perspektive
- an thematisch-inhaltliche Prozessen interessierter Perspektive

109. Wodurch unterscheidet sich mündliche und schriftliche Kommunikation?

sprachlich: nicht dauerhaft, face-to-face
nichtsprachlich: Gestik, Mimik, Stimme
konzeptionelle Mündlichkeit vs. Schriftlichkeit
mediale Mündlichkeit vs. Schriftlichkeit

110. Was sind Gesprächssorten und welche Funktionen haben diese für die Kommunikation?

Klassifikation nach verschiedenen Aspekten
Freiburger Redekonstellationsmodell
    Sprecherzahl
    Zeitreferenz
    Verschränkung von Text und sozialen Situation
    Rang und Grad der Vorbereitetheit
    Zahl der Sprecherwechsel
    Themafixierung
    Modalität der Themenbehandlung
    Öffentlichkeitsgrad
Henne/ Rehbock:
    Gesprächsgattungen
    Raum-Zeit-Verhältnis
    Konstellation der Gesprächssorten
    Gras der Öffentlichkeit ....
Typologisierung:
    Funktion für Kommunikation
        Normen, Handlungsabläufe zu erwarten
        Verhalten absteckbar
        auf Gesprächsbereich Einfluss

111. Aus welchen theoretischen Wurzeln hat sich die Gesprächsanalyse entwickelt?

60er Erforschung Gesprächssorten
    Leska/ Zimmermann/ Rupp
        Dominanz Geschriebene abgelöst
        Auffassung Gleichwertigkeit Gespräch
        kommunikativ-funktionale Aspekte
        syntaktische Merkmale im Kontrast zu Geschriebenen
60er USA „conversational analysis
    Sachs, Schleghoff, Jefferson
        „Ethnomethodologie"
        Aufdeckung, Selbstverständlichkeitsstruktur der Alltagswelt
        Versuch Rekonstruktion ablaufende Prozesse der Bedeutungszuschreibung &
Interpretation
        für Vorgänge grundlegende Interaktionsbedingungen

70er Sprechakttheorie → pragmatische Wende
    primär sprecherorientiert
    Art des kommunikativen Kontakts die Sprecher mit Äußerung zu Hörer
    kommunikative Absicht
    immer im Interaktionszusammenhang

112. Was sind Grundprinzipien der ethnomethodologischen Konversationsanalyse?
- formale Prinzipien der sprachlichen Organisation
- und nichtsprachliche Interaktionen zu untersuchen
- Erforschung alltäglichen Beschreibungs- und Verstehenspraktiken
- konditionelle Relevanz   Frage-Antwort → normativ erwartbar
- Paarsequenz: zentrales Organisationsprinzipien in Begrüßungsritualen
- Präferenzen und Dispräferenzen
- kommunikative Handlung speziellen Bedeutung durch Position in Interaktionsablauf
      ii. kontextabhängig
- Entdecken von Ordnung/ Muster

113. Erläutern Sie den Zusammenhang von Gespräch/ Interaktion und sozialer Wirklichkeit.
Was bedeutet in diesem Zusammenhang Kontextualisierung?
- Kontexte nicht gegeben, sondern von Teilnehmer durch verbale Interaktion geschaffen
- mit Hintergrundwissen in Beziehung gesetzt

114. Welche Aspekte erfasst eine holistische pragmalinguistische Gesprächsanalyse?
verschiedene Ansätze und Kategorien integrieren
    Psychologie
    Naturwissenschaften   ⎫ Sprache extrem vielfältig
    Philosophie   ⎭
hermeneutisch – pragmatisch & kritisch – empirisch

115. Welche Komponenten umfasst die Organisationsebene von Gesprächen? Wie werden Gespräche eröffnet bzw. beendet?
- Makrostruktur (stark ritualisiert; Eröffnungs-, Kern-, Beendigungsphase
Eröffnung:
- Vorstellungen hinsichtlich Gesprächssituation
- Gesprächsbereitschaft
- Aufforderung – Antwort – Sequenz
- auch nonverbal, Blickkontakt
- Einbettung Gespräch in Situationszusammenhang
- Konstituierung & Rückversicherung sozialer Beziehungen
- Bekanntheit, Anzahl, Öffentlichkeit, Zeitpunkt, letztes Zusammentreffen
Kern:
- Kommunikationsgegenstände & Gesprächsziele
- Einführung Thema
      iii. inhaltlich-sachliche Orientierung
      iv. Gesprächsthema: festgelegt, situativ zufällig
      v. Themenverlauf: freie Themenwahl, höhere Koordination
Beendigung:
- gemeinsame Auflösung Gesprächsbereitschaft
- geglückte Beendigungsversuche
- Resümeesequenz, Dank, Wunschsequenz, Verabschiedung
- keine Aufforderung mehr zur turn-Übernahme
- Zusammenfassung, Auswertung, Ausblick, Terminabsprache, Austausch guter Wünsche, Grüße

116. Was versteht man unter Turns, Turntaking, Sequenzen?

turn: Grundeinheit des Gesprächs – Gesprächsbeitrag
        alles was Individuum sagt, wenn an der Reihe
turn-taking: grundlegende Organisationsgröße – Sprecherwechsel
        Übergang Redner zu Hörer und Hörer zu Sprecher
Sequenz: komplexe Einheit – spezielle Abfolge bzw. Kombination von Gesprächsschritten

117. Nach welchen Prinzipien verlaufen Sprecherwechsel?

1 mit oder ohne gap (Sprecherpause)
        intensive Koordinierung
        zwischen zwei Beiträgen
2 mit overlap
        neue und alte überlappen
        immer noch glatte Wechsel
3 mit längerer Pause & Schweigen
        mangelnde Koordination
4 durch Unterbrechung
        unangenehme Form der Selbstwahl
        Beitrag noch nicht in Endphase
Fremdwahl: explizit (direkt) oder implizit (auch nonverbal)
Selbstwahl: muss klar, dass vorherige Gesprächsbeitrag zu Ende

abhängig von Art der Sprechsituation
        soziale Status der Kommunikationsteilnehmer
        Organisiertheit des Gesprächs

118. Welche verständnissichernden Mittel gibt es?

back-channel-behavior
        bestätigungsheischende Signale
Aufmerksamkeitssteuerung
Paraphrase
Nachfragen

Wiederholungen, Rückfragen
Präzisierungen
Bestätigungen
Zusammenfassungen

119. Welche Phänomene auf der Ausdrucksebene sind für gesprochene Sprache typisch?

körpereigene Medien
Gestik & Mimik
situationsgebunden
nicht dauerhaft

Intervention möglich
(nicht geplant)
deiktisch
nicht unbedingt standardisiert

120. Was versteht man in der linguistischen Pragmatik unter Stil?

... charakteristischer Sprachgebrauch eines Textes
        -    Auswahl sprachlicher Mittel
        -    text-spezifische Sprachgestalt
Stilmerkmale:
        -    Summe Stilelemente
        -    Nominalstil Grammatik
        -    Wortschatz
        -    Textstruktur

121. Welche Verfahren gibt es (nach Püschel), um den Stil eines Textes herauszuarbeiten?
- stillschweigende Voraussetzung & Implikationen nennen
- Aufdröselung indem-Verknüpfungen (machen sprachliche Handlung, indem andere Handlung)
    i. Handlungsanalyse und deren Gestaltung
- Fortführung analysieren: Wiederholung, Variationen, Mischungen, Verschiebungen, Wechsel, Abweichungen

Achte auf:
- Reihenfolge der Teile im Satz (Satzgliedstellung), aber auch im Text (Sequenzierung von Mustern)
- personale Deixis
- Verallgemeinerungen & (fehlende) Quantifizierungen
- Vagheit in der Referenz
- Deagentivierung & Subjektschub
- Wortwahl
- Bilder
- auffällige Ausdrucksweisen
- kleine Wörter (Partikeln)
- den Gebrauch von Kohärenzmitteln

Informationen über:
- Handlungsbeteiligte und Rollen
- kommunikativen Zusammenhang (Vor- und Nachgeschichte, Hintergrund)
- kommunikative Rahmenbedingungen (politische, ökonomische, gesellschaftliche, mediale Bedingungen)

122. Was sind Textsortenstile?
- bedingt durch historische, funktionale & individuelle Faktoren
- Stilnormierungen

Stiltyp: für eine Klasse von Texten gültige Stilnorm, die auf gleichen Stilmerkmalen bzw. gleichartigen Gebrauch der Stilelemente

Textfunktion –Textsorte
Textinhalt
kommunikative Situation
individuelle Konstante des Sprachgebrauchs

BEI GRIN MACHT SICH IHR WISSEN BEZAHLT

- Wir veröffentlichen Ihre Hausarbeit,
  Bachelor- und Masterarbeit

- Ihr eigenes eBook und Buch -
  weltweit in allen wichtigen Shops

- Verdienen Sie an jedem Verkauf

Jetzt bei www.GRIN.com hochladen
und kostenlos publizieren